KB208920

불교 이야기

①

바느질하는 부처님

🦋 효림

불교 이야기 ①

바느질하는 부처님

초 판 1쇄 펴낸날 2020년 7월 30일
개정판 1쇄 펴낸날 2022년 8월 14일
        3쇄 펴낸날 2025년 4월 16일
편저자 김현준
펴낸이 김연지
펴낸곳 효림출판사
등록일 1992년 1월 13일 (제 2-1305호)
주 소 서울특별시 서초구 반포대로14길 30, 907호 (서초동, 센츄리I)
전 화 02-582-6612, 587-6612
팩 스 02-586-9078
이메일 hyorim@nate.com

값 3,500원

책을 내면서

한 편의 이야기가 한 권의 책 이상으로 감동을 줄 때가 있습니다. 불교의 교리나 선문답보다, 이야기는 재미있고 쉬워 단숨에 읽힙니다. 그리고 감명 깊은 이야기는 두고두고 기억에 남아 평생의 양식이 됩니다.

이에 조그마한 책자에다 불교의 각종 이야기들을 유형별로 담아 '불교 이야기' 시리즈를 만들기로 발원하였고, 그 첫 책에 부처님의 일화를 담았습니다.

이 조그마한 책에 담긴 석가모니부처님 이야기를 통하여 불교를 보다 쉽게 배우고, 지혜롭고 자비로운 삶을 살게 되기를 머리 숙여 축원 드립니다.

엮은이 김현준 합장

차 례

Ⅱ 대자비로 중생을 교화하다

Ⅲ 시련을 넘어선 끝없는 포용

차 례

Ⅳ 이런저런 이야기

I
어떻게 살 것인가

무엇이 더 급하고 중요한가?

녹야원에서의 첫 설법 이후, 부처님께서는 마가다국으로 가던 도중에 울창한 숲으로 들어가 좌선을 하였다. 때마침 그 숲으로 상류층 젊은이 서른 명이 놀러 왔는데, 모두들 아내와 함께 왔지만 미혼의 한 남자는 거리의 기녀妓女를 데려올 수밖에 없었다.

그 기녀는 다들 놀이에 정신이 팔려 있는 틈을 타서 옷가지와 패물들을 훔쳐 도망을 쳐버렸고, 뒤늦게 이 사실을 안 젊은이들은 기녀를 찾기 위해 숲속을 뒤지다가, 나무 그늘에서 좌선을 하고 계신 부처님을 보게 되었다.

"옷가지와 패물을 들고 가는 여자를 보지 못했습니까?"

"왜 그 여인을 찾으시오?"

그들은 자초지종을 설명하면서 '그 여자를 꼭 찾아야 한다'고 하자, 부처님께서는 조용하지만 단호한 어조로 물었다.

"젊은이들이여, 여자를 찾는 일과 자신을 찾는 일 중 어느 것이 더 급한가? 잃어버린 패물을 찾는 일과 잃어버린 '나'를 찾는 일 중 어느 것이 더 중요한가?"

"잃어버린 패물이나 도망간 여자보다, 나 자신을 찾는 일이 더 급하고 더 중요하지요."

"그렇다면 여기 앉아 나의 가르침을 들으시오."

부처님께서는 바깥의 일과 사람과 물질에 사로잡혀 급하고 소중한 것을 잊은 채 살고 있던 젊은이들이 자리에 앉자, 참된 자기를 찾는 법과 진정으로 자기를 사랑하는 방법을 일러주셨고, 크나큰 울림을 느낀 젊은이들은 모두 출가하여 부처님의 제자가 되었다.

모든 것은 변한다 (1)

부처님께서 최초로 다섯 비구들을 녹야원에서 제도하였을 무렵, 근처 바라나시의 거리에는 야사耶舍라는 청년이 살고 있었다. 그는 대부호의 아들로, 아내를 비롯한 수많은 시녀들에게 둘러싸여 날마다 애욕의 생활 속에 빠져 있었다.

어느 날 여인들과 쾌락을 즐기던 야사는 그 자리에 쓰러진 채 잠이 들었다가 한밤중에 문득 눈을 떴다. 그런데 어떤 여인은 비파를 옆에 낀 채 침을 흘리며 자고 있었고, 어떤 여인은 다리를 다른 여인의 배 위에 걸친 채 잠꼬대를 하고 있었다. 머리를 산발한 채 흐트러진 자세로 잠을 자는 여인들….

그 모습은 깨어 있을 때의 곱고 아름다운 자태와는 전혀 다른 것이었다. 눈앞에 마치 묘지가 펼쳐져 있는 것과 같아 심한 혐오감에 사로잡혔다.

"아아, 괴롭다. 싫다. 한심스럽다."

야사는 문을 박차고 거리로 뛰쳐나가 끊임없이 이 말을 되풀이하며 정처 없이 발걸음을 옮겼고, 먼동이 틀 무렵에는 녹야원에 이르렀다. 때마침 녹야원을 거닐던 부처님께서는 '괴롭다. 싫다. 한심스럽다'를 되풀이하여 외치는 야사를 보게 되었다.

"이곳에는 괴로운 것도 싫은 것도 한심스러운 것도 없다. 여기 앉아라. 그대를 위해 법을 설하리라."

부처님의 평화스러운 모습에 마음이 끌린 야사는 자신도 모르게 예배를 드린 다음 자리에 앉았다.

"야사여, 모든 것은 시시각각 변화한다. 끊임없이 변화하므로 덧없는 것이요, 덧없으므로 괴로운 것이다. 그대 또한 마찬가지이다. 육체는 자꾸만 늙어가고 생각은 끊임없이 변화하기 마련이다. 진실로 불변의 '나我'라고 내세울 만한 것은 찾을 수가 없다. 그러나 사람들은 현실의 '나'에 집착하여, 덧없음을 보지 못하고 괴로움으로부터도 벗어나려

하지 않는다. 다행히 그대가 오늘 인생의 덧없는 모습을 깨달았으니, 이 얼마나 기특한 일이냐."

이 말씀에 깊이 공감하는 야사를 향한 부처님의 설법은 계속 이어졌다.

"야사여, 너는 과거에 쌓은 선업善業으로 말미암아 부유한 집에 태어났고 많은 재산을 향유하고 있다. 그러나 복이 다하면 화禍가 찾아드는 법! 지혜로운 이라면 복이 있을 때 복을 가꿀 줄 알아야 한다.

야사야, 부유한 사람들은 자신의 행복을 위해 돈을 쓴다. 하지만 돈으로 자신을 가꾼다고 하여 참된 행복이 다가오는 것은 아니다. 오히려 '나' 자신이 아니라 남을 위해 베풀 때 행복은 나의 것이 되고 복이 쌓이게 된다.

그리고 육체의 쾌락을 찾아 문란한 생활을 할 것이 아니라, 남녀 사이에 마땅히 지켜야 할 선을 잘 지키며 살아야 한다. 이렇게 능히 베풀고 지킬 것을 능히 지키면 나날이 더 큰 행복을 누릴 수 있게 된다."

부처님의 이야기를 들으면서 야사는 마음의 안정을 되찾았을 뿐 아니라, 지금까지 몰랐던 진리의 세계에 눈을 뜨기 시작하였고, 진정한 해방감을 만끽하였다.

야사는 부처님께 '출가를 허락하여 제자로 삼아 줄 것'을 간청하였다.

"야사여, 아름다운 옷을 입고 집에 있다 할지라도 오욕五欲(재물욕·식욕·색욕·명예욕·수면욕)을 떠나면 그것이 곧 출가出家이니라. 아무리 집을 떠나 산에 산다하여도 오욕에 이끌리면 그것은 참된 출가가 아닌 것이다. 중요한 것은 너의 마음가짐이요 너의 생활태도이다. 집으로 돌아가는 것이 좋을 것이다."

그러나 야사가 거듭 출가의 뜻을 밝히자 부처님께서는 야사를 제자로 삼아, 인생고人生苦를 벗어나는 사제四諦와 팔정도八正道의 가르침을 설하셨고, 야사는 곧 깨달음을 얻어 아라한이 되었다.

헛된 것을 추구하지 말라

부처님께서 사위국의 기원정사에 계실 때, 만동자蔓童子 비구는 매일같이 생각에 잠겼다.

'세계는 영원한가 무상한가? 무한한가 유한한가? 영혼과 육체는 하나인가 따로 있는가? 중생은 죽은 뒤에도 존재하는가 존재하지 않는가? 부처님께서는 이러한 문제에 대해 전혀 설명을 해주지 않으신다. 다시 한번 부처님께 이러한 것들에 대해 질문하여 아무런 설명이 없으시면, 부처님을 비난한 뒤에 떠나가리라.'

만동자 비구는 부처님께로 나아가 혼자서 생각하였던 일들을 말씀드린 다음 덧붙여 말했다.

"저의 이러한 생각에 대해 아시는 대로 설명해 주소서. 설명을 해주시지 않는다면, 저는 속세로 돌아가겠습니다."

"너는 참으로 어리석구나. 그 어리석음 때문에 그 문제들을 풀기도 전에 목숨을 마치리라.

비유를 들리라. 어떤 사람이 독 묻은 화살을 맞아 심한 고통 속에 빠지자, 친척들이 의사를 불러 그 화살을 뽑고자 하였다. 그때 그는 외쳤느니라.

'이 화살을 뽑아서는 아니 되오. 나는 먼저 화살을 쏜 사람이 누구인지를 알아야겠소. 남자인지 여자인지, 이름은 무엇이며 성질은 어떠한지, 외모는 어떠하며 어디에 사는 사람인지를 알기 전에는 화살을 뽑지 않겠소.

그리고 그 활은 큰 것인지 작은 것인지, 무슨 재질로 만든 것인지, 활줄은 등 넝쿨로 만든 것인지 실인지 동물의 힘줄인지, 화살은 보통 나무로 만들었는지 대나무인지, 활촉은 쇠로 만든 것인지 송아지 이빨로 만든 것인지, 화살의 깃은 독수리 털인지 닭 털인지를 먼저 알아야겠소.'

만동자여, 독화살을 맞은 이가 이와 같이 고집한

다면 어떻게 되겠느냐? 그는 그것을 알기도 전에 온몸에 독이 퍼져 죽고 말 것이다. 그와 같이 나는 지금 벗어나야 할 것에 대해 설할 뿐, 번뇌를 더욱 일으키게 하는 문제에 대해서는 설하지 않는다.

무엇을 설하지 않는가? 네가 알고 싶어 하는 것과 같은 문제들이다. 그 문제를 안다고 해도 이익될 것이 없나니, 맑고 깨끗한 수행을 위해서나, 번뇌를 없애고 뛰어난 지혜를 얻게 되거나, 깨달음을 얻어 열반에 들어가는 길이 되지 않기 때문이다.

무엇을 설하는가? 인생이 고苦라는 것과, 그 고의 원인과, 고가 소멸된 상태와, 고를 벗어나는 방법까지의 사성제四聖諦가 그것이다. 이 사성제의 가르침을 알면 능히 이익을 얻게 되나니, 맑고 깨끗한 수행과 뛰어난 지혜를 얻고 열반에 들어가는 길이 되기 때문이다."

만동자는 부처님의 설법을 듣고 스스로가 일으켰던 그릇된 소견들을 모두 놓아 버렸다.

나는 다만 길을 가리킬 뿐이다

부처님 당시 목갈라나라는 수학자가 있었다. 어느 날 그는 오랫동안 벼르고 있던 중대한 질문을 가지고 부처님 앞으로 왔다.

"부처님이시여, 제가 공부하고 있는 수학에는 일정한 과정이 있습니다. 부처님의 교설에도 이 같은 과정이 있습니까?"

"부처의 교설에도 수학처럼 순서를 밟는 일정한 과정이 있노라."

목갈라나는 아주 심각한 표정으로 다시 물었다.

"그런데 이 같은 교설을 들은 사람들이 모두 목적지(열반)에 이르지 못하는 까닭은 어디에 있습니까?"

"목갈라나여, 어떤 사람이 너에게 와서 라자그리하(왕사성)로 가는 길을 물었다고 하자. 그 길을 잘 알고 있는 너는 아주 자세히 그 길을 가리켜 줄 것이다. 그러나 그 사람이 반드시 라자그리하로 찾아간다고 할 수는 없다. 라자그리하라는 도시도 있고 그 도시에 가는 길도 분명히 있지만, 너의 가르침을 받은 사람들 중에는 도중에 길을 잃고 헤매거나 도착하지 못하는 이들도 있다. 그 까닭이 어디에 있겠느냐?"

"부처님, 저는 다만 가는 길을 가리켜 줄 수 있을 뿐입니다. 그가 목적지에 이르고 못 이르고는 저로서 어떻게 할 수가 없습니다."

"목갈라나여, 나 역시 마찬가지다. 분명히 열반이 있고, 열반에 이르는 길이 있고, 그 길을 교설하는 나도 있지만, 사람들 중에는 열반에 이르는 이도 있고, 못 이르는 이도 있다. 나로서도 열반에 이르고 못 이르는 것에 대해 어떻게 할 도리가 없다.

나(여래)는 다만 '길'을 가리킬 뿐이다."

중도, 급하지도 게으르지도 않게

　부처님 제자 수목나 존자는 아주 부유한 집안의 아들로 태어났다. 그가 태어나자 아버지는 '억만금의 재산을 물려주겠다'고 하였으므로, '수목나' 곧 '문억聞億'이라는 이름을 얻게 되었다.

　그러나 성장한 수목나는 부처님께로 나아가 법문을 듣는 순간, 진리의 세계가 눈앞에 다가오는 듯한 환희심을 느꼈다.

　'가업을 잇고 세속의 일에 끄달리면 공부가 제대로 될 까닭이 없다. 출가를 하여 도를 이루자.'

　굳은 결심과 함께 출가를 한 수목나 존자는 몸을 아끼지 않고 정진하였다. 그러나 출가인은 맨발로 생활하였으므로 얼마 지나지 않아 곱던 발바닥이 터졌고, 그가 지나간 자리는 피로 얼룩졌다. 이를 보신 부처님께서는 그를 위해 '신발을 신어도

좋다'는 법을 제정하셨다.

부처님의 깊은 자비에 더욱 열성적인 수행자가
된 수목나는 필사적인 각오로 공부하였다. 그러나
아무리 애를 써도 높은 도의 경지에 이를 수가 없
었다. 초조해진 수목나는 갈등을 하기 시작했다.

'나는 누구보다 열심히 수행하였다. 그런데도 높
은 도의 경지에 이를 수 없으니…. 내가 돈과는 인
연이 많지만, 도와는 인연이 없는 것인가? 이럴 바
에는 집으로 돌아가, 그 많은 돈으로 부처님과 스
님들을 위하여 길을 닦고 절을 짓고 공양을 올리거
나, 가난한 사람들에게 널리 보시를 하여 공덕을
쌓는 것이 더 좋지 않을까?'

부처님께서는 수목나의 마음을 읽으셨다.

"너는 집에 있을 때 무엇을 가장 즐겼느냐?"

"거문고를 즐겨 연주했습니다."

"그렇다면 잘 알고 있으리라. 수목나야, 거문고
줄이 너무 팽팽하면 어떻게 되느냐?"

"소리가 날카로울 뿐 아니라 줄이 끊어지기도 합니다."

"줄이 너무 느슨하면 어떻게 되느냐?"

"줄이 늘어지면 소리가 축 처져 좋지 않습니다. 줄이 적당히 팽팽할 때 좋은 소리가 납니다."

"도를 닦는 것도 그와 같다. 너처럼 억지로 애를 쓴다고하여 도가 빨리 이루어지는 것이 아니다. 급하면 초조한 마음이 생기고, 초조한 마음이 생기면 마음의 평화를 잃어 도에 계합할 수가 없다. 그리고 지나치게 긴장을 풀어 정진의 줄을 늦추면 태만에 흐르게 된다.

그러므로 거문고 줄을 고르는 것과 같이 공부를 하되, 너무 팽팽하지도 너무 늘어지지도 않은 중中을 취해야 한다. 모든 신묘한 법이 이 중도中道 가운데 있으니 잘 명심하여라."

부처님의 가르침을 받은 수목나는 거문고 줄을 고르듯이 중도로 공부하여, 아라한과를 성취하였다.

잡담 말고 법담法談을 하라

부처님께서 기원정사에 계실 때의 일이다. 제자들
이 모여 앉아 세속에 있을 때의 이야기를 하고 있었
다. 도둑들과 싸운 이야기, 술을 마시며 즐겼던 이야
기 등 서로의 사연과 경험을 털어놓으며 시간을 보
내고 있었다. 그때 부처님께서 오셔서 말씀하셨다.

"그와 같은 잡담은 그만두어라. 그러한 말들은
선한 마음을 기르거나, 수행에 도움을 주거나, 열
반을 얻는 데 도움을 주는 이야기가 아니다.

이야기를 하려거든 법法에 대한 이야기를 하여라.
욕심을 적게 하는 방법, 믿음과 계戒·정定·혜慧에
관한 이야기, 중생을 제도하는 이야기라면 능히 번
뇌를 끊고 해탈을 얻을 수 있게 한다."

비구들은 기뻐하면서 이 말씀을 받들어 행하였다.

집착과 번뇌를 버려라

어느 날 흑씨黑氏 바라문이 신통력을 부려 만든 합환오동合歡梧桐의 꽃 두 송이를 양손에 들고 와서 부처님께 바치고자 하였다. 순간 부처님께서는 고요하고 위엄 있는 음성으로 흑씨 바라문을 불렀다.

"선인仙人아!"

"예, 부처님."

"버려라."

바라문이 왼손에 든 꽃을 버리자 다시 말씀하셨다.

"선인아, 버려라."

이번에는 오른손에 든 꽃송이를 버렸다. 그러나 부처님께서는 거듭 이르셨다.

"선인아, 버려라."

"부처님이시여, 저의 두 손은 이미 비었습니다. 다시 무엇을 버리라고 하시나이까?"

"나는 너에게 그 꽃을 버리라고 한 것이 아니다. 네 마음에 차 있는 집착과 번뇌를 버리라고 한 것이다. 집착과 번뇌를 일시에 버려서 더 이상 버릴 것이 없게 될 때 참된 해탈을 얻을 수 있느니라."

이 말씀 끝에 흑씨 바라문은 대오大悟를 하였다.

ɤ

우리의 헛된 번뇌와 망상. '나'에서 비롯된 탐욕과 내 것에 대한 집착을 놓아 버릴 때 인생은 새롭게 피어납니다. 바꾸어 말하면, 욕심이 나고 집착이 가는 것일수록 오히려 더 놓아 버릴 줄 알아야 합니다.

나의 허욕을 죽이고 집착을 버릴 때 행복이 피어난다는 것을 명심하면서, 지금의 내가 불필요한 것을 얼마나 쥐고 사는지를 점검하고 반성하고 돌아보십시오. 그리하여 쉴 줄 알고 놓을 줄 알고 버릴 줄 알고 비울 줄 아는 삶을 영위하기를 당부드립니다.

가진 것 없이 베푸는 법

어떤 이가 부처님을 찾아가 하소연을 하였다.

"저는 되는 일이 하나도 없습니다. 어째서 이다지도 불행한 것일까요?"

"그것은 네가 남에게 베풀지 않기 때문이다."

"아무것도 가진 것이 없는데, 어떻게 베풉니까?"

"가진 것 없이도 베풀 수 있는 일곱 가지가 있다.

첫째, 마음을 주어라.

둘째, 몸으로 도와주어라.

셋째, 상대의 좋은 면을 바라보아라.

넷째, 밝은 웃음을 보여주어라.

다섯째, 도움이 되는 말을 하여라.

여섯째, 겸양의 미덕을 보여주어라.

일곱째, 끝마무리를 잘하여라.

이것이 재물 없이 베풀 수 있는 일곱 가지니라."

모든 것은 변한다 〔2〕

여인 고타미의 아기는 태어난 지 1년여 만에 병으로 죽었다. 비탄에 빠진 그녀는 아기의 시신을 끌어안고 거리를 헤매며 사람들에게 매달렸다.

"우리 아기를 살려 주십시오. 아기를 살릴 수 있는 약을 주십시오."

실성하다시피 한 그녀는 이 마을 저 마을을 돌아다니며 만나는 사람마다 붙잡고 애원하였다. 어떤 사람은 동정하였고, 어떤 사람은 무시하였고, 또 어떤 사람은 미쳤다고 했다. 하지만 죽은 아기를 살리겠다는 염원 하나로 그녀는 열심히 호소하였고, 마지못해 어떤 이가 그녀에게 말하였다.

"아마 부처님이라면 죽은 사람을 살려낼 수 있을지도 모르지. 부처님을 찾아가 보시오."

고타미는 부처님께 찾아가서 아기의 시신을 보이

며 애원하였다.

"제발 이 아기를 살려주십시오. 혼자 몸으로 이 아기를 애써 키웠는데 그만 죽고 말았습니다. 부디 우리 아기를 살릴 수 있는 약을 주십시오."

부처님께서 자비로운 음성으로 이르셨다.

"오, 가엾구나. 지금 마을로 내려가 해가 지기 전까지 한 번도 사람이 죽지 않은 집안의 겨자씨를 하나만 얻어 오시오. 겨자씨를 얻어 오면 아기를 살릴 수 있는 약을 주리라."

아기를 살릴 수 있게 해준다는 말에 귀가 번쩍 뜨인 여인은 단숨에 마을로 내려갔다.

"이 집안에서 사람이 죽은 일이 있습니까?"

"있다마다요. 부모님은 다 돌아가셨고, 몇 년 전에는 전염병으로 귀여운 자식을 잃었습니다."

여인은 옆집을 찾았다.

"댁에서 사람이 죽은 적이 있습니까?"

"물론이요. 이전은 말할 것도 없고, 작년에 형님

내외분이 괴질로 세상을 떠났습니다."

세 번째와 네 번째 집도 마찬가지였고, 종일토록 이 집에서 저 집으로 이 마을에서 저 마을로 헤매었건만, 사람이 죽지 않은 집은 찾을 수가 없었다. 마침내 겨자씨를 얻지 못하였지만 그녀는 깨달았다.

'아, 태어나면 반드시 죽게 마련이구나. 어찌 내 아기만 예외일 수 있으리!'

무상의 이치를 절감한 그녀는 화장터로 가서 아기의 시신과 고별하고 다시 부처님을 찾았다.

"여인이여, 겨자씨를 가져왔는가?"

"아닙니다. 사람이 죽지 않은 집안을 찾을 수 없어 겨자씨를 구하지 못했습니다. 그러나 부처님께서 저에게 겨자씨를 얻어오라고 하신 까닭은 알았습니다. 자식을 잃은 비통함 때문에 눈이 멀어, 저 하나만 죽음의 손아귀에서 신음한다고 착각을 했습니다."

"그런데 여인이여, 왜 다시 나를 찾아온 것이냐?"

"죽음이 무엇이며, 죽음 뒤에는 무엇이 있는가? 죽지 않는 법은 없는가에 대한 가르침을 구하고자 왔습니다."

"여인이여, 삶과 죽음의 진리를 알고자 한다면 한 가지 변치 않는 법칙에 대해 깊이 생각해야 한다. 그 법칙은 제행무상諸行無常. '모든 것은 변한다, 모든 것은 덧없다'는 것이다.

그대는 아기의 죽음을 통하여 우리가 살고 있는 이 세계가 무상하고 괴로움이 가득한 세계임을 알게 되었습니다. 무상을 통해 고난을 체험한 그대는 이제 해탈법을 배울 준비가 되었다. 그대의 마음은 진리를 향해 열려 있다. 나는 그대에게 해탈법을 보여줄 것이다."

고타미는 이 말씀을 듣고 깨달음을 얻어 출가하였다. 그리고 비구니 가운데 부처님의 대표적인 큰 제자가 되어 삶의 마지막 순간까지 부처님을 따랐다.

Ⅱ
대자비로 중생을 교화하다

병든 이부터 보살펴라

어느 날 마갈타국의 빈바사라왕이 부처님과 죽림정사에 있는 모든 승려들을 왕궁으로 청하여 공양을 올리고자 하였으나, 부처님께서는 공양청供養請에 응하지 않고 승려들끼리만 다녀오라 하셨다.

모두가 왕궁으로 떠난 다음, 부처님께서는 승방僧房을 두루 살피며 다니다가, 병든 비구가 배설한 똥오줌 속에 누운 채 끊임없이 신음소리를 발하고 있는 것을 발견하였다.

"어찌 된 것이냐? 돌보아주는 사람이 없느냐?"

"없습니다."

"어째서 없다고 생각하느냐?"

"제 몸이 성하였을 때 병든 동료들을 돌보아주지 않았기에 돌보아주는 사람이 없는 듯합니다."

부처님께서는 비구의 몸을 일으켜 옷을 벗기고

더러운 온몸을 깨끗이 닦아 주셨다. 그리고 똥오줌이 묻은 옷을 빨아 말렸으며, 자리에 깔려 있던 낡은 풀들을 다 버리고 방을 깨끗이 청소하셨다. 또 새 풀을 뜯어다가 깔고 옷을 그 위에 펼친 다음 병든 비구를 편안하게 눕혔으며, 다시 다른 옷으로 몸을 덮어주셨다.

부처님의 간병에 병 비구는 황송해하면서 감격의 눈물을 흘렸다. 때마침 공양을 마친 비구들이 죽림정사로 돌아오자 부처님께서 이르셨다.

"어서 가서 병든 비구부터 간호하여라. 병자를 간호하지 않는 것은 옳지 않다. 만약 나에게 공양하기를 원하는 이가 있거든, 마땅히 병자들부터 간호해야 하나니, 병든 자를 보살핌은 곧 나를 보살피는 것이다. 이 세상의 모든 보시 가운데 이보다 더 나은 보시는 없다. 병든 이에 대한 간병은 큰 공덕을 이루고 큰 과보를 얻어, 영광이 두루하고 감로의 법미法味를 이룩하느니라."

복을 지어라

아나율 존자는 부처님의 사촌으로, 잠을 자지 않고 용맹정진을 하다가 시력을 잃었다. 그런데 바로 그 순간에 도를 깨닫고 천안통天眼通을 얻어 천안제일天眼第一의 존자가 되었다.

그러나 일상생활 속의 불편은 헤아릴 수가 없었다. 밥을 먹고 옷을 입는 일로부터 걷고 씻는 일에까지 어려움이 뒤따랐고, 무엇보다도 바느질을 할 때가 가장 힘이 들었다. 그때마다 존자는 사람이 지나가는 소리가 날 때를 기다려 부탁을 했다.

"나를 도와 복을 지으십시오. 바늘귀에 실을 꿰어주십시오."

그날도 존자는 해진 옷을 깁기 위해 더듬더듬 바늘과 실을 찾아서는, 바늘귀에 실을 꿰고자 한참 동안 안간힘을 썼으나 쉽지가 않았다.

"누군가가 실을 꿰어주면 좋으련만…."

그러자 누군가가 존자의 손에서 바늘과 실을 받아 묵묵히 해진 옷을 기워주는 것이었다.

"잘 되었는지 보아라."

음성을 듣고 바느질을 하신 분이 부처님이라는 사실을 안 존자는 몸 둘 바를 몰라 하며 여쭈었다.

"아! 부처님께서는 복덕과 지혜를 완벽하게 갖춘 분이신데, 다시 더 쌓아야 할 복이 으신지요?"

"아나율아, 실로 이 세상의 복 있는 사람 중에 나보다 더한 이가 없다.

그러나 나는 ①보시 ②지계 ③인욕 ④설법 ⑤중생제도 ⑥바른 법 구하기, 이 여섯 가지 복 짓는 일에는 만족을 할 줄 모른다.

아나율아, 이 세상의 힘 중에서 복의 힘이 으뜸이며, 그 복의 힘이 있어야 큰 깨달음을 이룰 수 있느니라. 모름지기 모든 수행자들은 이 여섯 가지 일을 행하여 많은 복을 지어야 한다."

나는 가만히 서 있다

사위성舍衛城에 있는 한 바라문의 제자였던 아힘사는 스승을 지극히 존경하여 스승의 말이면 거역할 줄 몰랐으며, 스승 또한 아힘사를 각별히 아끼고 사랑하였다. 그런데 아힘사의 사나이다운 모습에 마음을 빼앗긴 스승의 아내가 스승이 집을 비운 어느 날 아힘사를 유혹했다.

"스승의 아내는 어머니와 같습니다. 그런 일은 생각할 수조차 없습니다."

우직한 아힘사가 유혹을 뿌리치자, 그녀의 사랑은 증오로 바뀌었다. 입고 있던 옷을 스스로 찢고 머리를 산발한 그녀가 '아힘사에게 능욕을 당했다'고 모함하자, 노한 스승은 배신한 제자를 파멸시킬 방법을 찾은 다음 아힘사를 불렀다.

"너의 학문은 이제 거의 완성 단계에 이르렀다.

남은 것은 비밀의 술법뿐이다. 그 술법을 이루기 위해서는 한 가지 일을 더 해야 한다.

아침 일찍 일어나 네거리로 나가서 백 사람을 죽이되, 한 사람에게서 손가락 하나씩을 잘라 내어 그것으로 목걸이를 만드는 일이다.

하루 만에 백 개의 손가락을 모으면 그것으로 수행이 완성된다."

말을 마친 스승은 칼을 건네주었다. 아힘사는 칼을 받아 들고 몹시 고뇌하다가, 스승에 대한 존경과 믿음으로 마음을 단단히 다진 다음 거리로 나갔다. 그리고 상대를 가리지 않고 닥치는 대로 죽여 손가락을 모았다.

사람들은 그 살인귀를 '손가락(앙굴리)을 잘라 목걸이(마라)를 만든다'는 뜻에서 앙굴리마라라고 불렀다.

거리로 탁발을 나갔던 비구들이 기원정사로 돌아와 부처님께 그 일을 알리자 부처님께서는 그를 제도하기 위해 거리로 나섰고, 앙굴리마라의 어머니도 자식이 미쳐 사람을 죽인다는 말을 듣고 허둥지둥 달려갔다.

앙굴리마라의 전신은 검붉은 피로 물들어 있었고, 피비린내가 코를 찔렀다. 어머니는 주저 없이 아들의 곁으로 다가갔다.

'이제 손가락이 하나만 더 있으면 된다.'

이미 이성을 상실한 앙굴리마라에게는 어머니가 어머니로 보이지 않았다. 오직 도를 이룰 수 있게 해줄 희생물로만 보였다. 그가 어머니를 죽이려고 칼을 번쩍 들었을 때, 부처님께서 불쑥 앞으로 나섰다.

순간 앙굴리마라는 어머니를 제쳐두고 부처님을 죽이려 하였지만, 몸이 오그라붙어 꼼짝할 수가 없었다. 앙굴리마라는 소리쳤다.

"거기 서라."

"나는 가만히 서 있다. 움직이는 것은 네가 아니

냐?"

이 말을 듣는 순간 앙굴리마라는 악몽에서 깨어나 제정신으로 돌아왔다. 그는 칼을 버리고 부처님 앞에 꿇어 엎드렸다.

"부처님, 저의 어리석음을 용서하시고 제자로 받아주십시오."

그는 부처님을 따라 기원정사로 가서 설법을 듣고, 그 자리에서 수행 최고의 경지인 아라한에 이르렀다.

이튿날 앙굴리마라는 승려들과 함께 걸식을 하기 위해 거리로 나갔고, 그가 나타났다는 소문을 들은 사람들은 두려움에 떨었다.

더욱이 그가 밥을 빌고자 찾아간 집의 부인은 아기를 낳기 위해 해산실에 들어갔다가, 그가 왔다는 말을 듣고 너무 놀란 나머지 해산을 못 하고 말았다.

사람들의 엄청난 분노와 저주를 받으며 기원정

사로 돌아온 앙굴리마라는 눈물을 흘리며 부처님
께 도와줄 것을 호소하였다.

"앙굴리마라야, 너는 곧 그 집으로 가서 여인에
게, '나는 이 세상에 난 뒤로 아직 산목숨을 죽인
일이 없습니다. 이 말이 사실이라면 당신은 편안하
게 해산할 것입니다.'라고 말하여라."

"부처님, 저는 아흔아홉 사람의 목숨을 앗았습니
다."

"앙굴리마라야, 도道에 들어오기 전은 전생이다.
'세상에 난 뒤'라는 말은 도를 깨친 뒤를 말한다."

그가 여인의 집으로 가서 부처님께서 시킨 대로
하자, 부인은 편안히 아기를 낳았다. 그러나 원한
에 가득 차 있었던 사람들은 돌과 몽둥이로 그를
치고 때렸다.

온몸이 피투성이가 되어 겨우 기원정사로 돌아온
앙굴리마라는 부처님께 아뢰었다.

"부처님, 저는 어리석은 망상에 사로잡혀 많은

사람을 죽였습니다. 그러나 저를 가엾게 여긴 부처님께서는 칼과 몽둥이 없이도 저의 마음을 고쳐주셨습니다.

이제 저는 어떠한 일을 당하여도 괴롭다거나 아프다는 생각을 하지 않게 되었습니다. 어제까지 구름에 가려졌던 해가 구름이 없어지자 밝게 빛나듯이, 모든 것을 분명히 알게 되었습니다. 저는 살기를 원치도 않고 죽기를 바라지도 않습니다. 그냥 조용히 열반에 들고자 하옵니다."

이 말을 끝으로 앙굴리마라는 열반에 들었고, 부처님은 말씀하셨다.

"나의 제자들 가운데 앙굴리마라와 같이 빨리 깨달은 자는 없느니라."

진심으로 참회하라

부처님께서 대도국大兜國에 갔을 때이다. 나라 안 고관대작의 부인으로 성품이 극악한 여인이 있었다. 그녀는 많은 자식을 낳아 기르면서도, 남몰래 남의 집 어린아이들을 훔쳐 와서 잡아먹었다.

그 때문에 비탄에 싸인 부모가 헤아릴 수 없이 많았지만 누구의 소행인지를 몰라 어떻게 할 수가 없었고, 어린 자녀를 둔 부모들은 공포 속의 나날을 보내야 했다. 어느 날 아난다 존자가 그 소문을 부처님께 전하자, 부처님께서는 한동안 선정에 들었다가 말씀하셨다.

"그 여인은 보통의 인간이 아니다. 귀자모신鬼子母神의 환생이다. 남의 집 아기를 몰래 훔쳐서 잡아먹기를 좋아하는데, 이를 막기란 쉬운 일이 아니다."

"어떻게 해야 합니까?"

"그 여인의 자식 중에 막내인 빈가라를 몰래 데려와 정사 안에 감추어두어라."

제자들은 귀자모가 집을 비운 틈을 타서 빈가라를 데리고 부처님이 계신 정사로 돌아왔고, 그 시각에 귀자모는 남의 집 아기를 훔쳐 집으로 향하였다. 그런데 돌아와 보니 가장 사랑하는 막내아들이 보이지 않는 것이었다.

그녀는 깜짝 놀라 잡아 온 아기를 팽개치고 온 집안을 샅샅이 뒤졌으나 막내아들은 보이지가 않았다. 귀자모는 미친 사람처럼 집을 뛰쳐나가 열흘 동안 밥도 먹지 않고 울면서 아들을 찾아 헤매었다.

"빈가라야, 빈가라야, 어디에 있느냐?"

마침내 실성을 한 귀자모는 산발한 채 거리에 주저앉아 통곡에 헛소리에 울부짖기까지 하다가 부처님을 찾아왔고, 부처님께서는 귀자모에게 물었다.

"언제 아들이 없어졌느냐?"

"열흘 전 제가 집을 비운 사이에 없어졌습니다."

"왜 집을 비웠느냐? 아들이 없어진 그 시각에 무엇을 하고 있었느냐?"

부처님의 이 한마디가 귀자모의 마음을 아프게 찔렀다. 남의 집 아기를 훔치고 있는 동안 아들이 없어졌고, 자식 잃은 고통이 얼마나 큰지를 알게 되었다. 비로소 자기의 소행이 극악한 죄임을 깨달은 귀자모는 땅에 엎드려 부처님께 절하며 참회하였다.

"세존이시여, 저를 용서하여 주옵소서. 저를 도와주옵소서."

"만약 그대가 저지른 잘못을 진심으로 참회하고 다시는 그러한 짓을 하지 않겠다고 맹세하면, 빈가라가 돌아오게 해주겠다."

"세존이시여, 제 잘못을 진심으로 뉘우치고 있습니다. 그리고 맹세하겠나이다."

"그것을 무엇으로 증명하겠느냐?"

"앞으로 부처님의 가르침을 따르며 살겠습니다."

"그렇다면 앞으로 불살생·불투도·불사음·불망어·불음주의 다섯 가지 계율을 지켜야 한다. 또, 지금까지 지은 죄의 대가를 치러야 한다. 그렇게 할 수 있겠느냐?"

"예, 맹세코 그렇게 하겠습니다."

부처님께서는 그녀의 다짐을 받고 아들을 돌려주었다. 아들을 다시 품에 안은 귀자모는 말로 표현할 수 없는 환희로움을 느꼈고, 그 순간 자신의 죄를 더욱 깊이 뉘우치며 서원誓願을 발하였다.

"앞으로는 불교의 정사 주변에 머무르면서 불법을 보호하겠나이다. 또한 자식 없는 이들이 자식을 구하면, 마땅히 그들에게 자식을 주어 원하는 바를 이루도록 하겠나이다. 나아가 아이들을 사랑하고 잘 자랄 수 있도록 보호하겠나이다."

그날부터 귀자모는 애자모愛子母가 되었으며, 죽어서는 불법을 수호하는 24제천諸天 중의 한 분이 되었다.

욕망은 괴로움의 씨앗이다

인도에서는 가장 천한 신분의 여자를 '마등가摩登伽'라고 부른다. 그들은 신분 때문에 사람대접도 받지 못하고 성안에서 살 수도 없으며, 천하고 궂은일을 도맡아 하며 살아간다.

부처님께서 사위성의 기원정사에 계시던 어느 날, 아난다 존자는 사위성으로 들어가 걸식을 한 다음 정사로 돌아오다가, 몹시 목이 말라 우물에서 물을 긷는 젊은 여인에게 청하였다.

"물 한 그릇을 주시겠소?"

"천한 마등가인 소녀가 스님께 물을 떠 드리는 것이 도리어 폐가 되지 않을는지요?"

"나는 모든 사람을 평등하게 보는 승려입니다. 마음에 귀하고 천함, 높고 낮음의 분별을 두지 않습니다. 몹시 목이 마르니 물을 주시지요."

마등가는 맑은 물을 떠서 바쳤고, 아난다 존자는 그 물을 마신 다음 기원정사로 돌아갔지만, 존자의 숭고한 용모와 우아한 음성은 마등가의 가슴에 깊이 새겨져 열병을 앓게 만들었다.

그녀의 어머니는 특수한 주술을 익힌 일종의 무당이었기에, 그녀는 어머니에게 고백을 하고 매달렸다.

"어머니의 주술로 그분이 저에게 오도록 해주세요."

어머니가 마다하였지만, 불타는 마음을 억제할 수 없었던 딸이 '죽겠다'고 하자, 마침내 어머니 마등가는 아난다 존자를 불러들이는 주문을 베풀었다.

마음이 어지러워진 아난다 존자는 자신도 모르게 마등가의 집을 향해 걸어갔다. 존자가 집에 이르자, 모녀는 향을 사르고 꽃을 흩으며 맞이하여 화려한 침상에 앉혔고, 존자는 악몽을 꾼 듯한 공포를 느끼며 부처님의 구원을 빌었다. 천안天眼으로 이를 꿰뚫어 본 부처님께서는 게송을 외웠다.

계율의 못 물은 맑고 시원하여
모든 이의 번뇌를 씻어주나니
지혜로운 자는 이 못으로 들어오라
무명의 어두움이 길이 소멸되리라

순간 마등가의 주술은 힘을 잃었고, 아난다는 정신을 차려 여인의 희롱을 뿌리치고 뛰쳐나왔다. 그리고 부처님께로 나아가, '공부가 부족하여 마등가의 주술에 떨어지게 되었다'며 울면서 참회하였다.

그러나 포기하지 못한 마등가의 딸은 이튿날, 짙은 화장에 아름다운 옷, 꽃다발 등으로 치장을 하고 아난다 존자가 지나가는 길목을 지키고 있다가, 존자가 나타나자 그림자처럼 뒤를 쫓아갔다.

마침내 그녀가 기원정사까지 쫓아오자 부처님께서 그녀를 불렀다.

"아난다는 머리를 깎은 승려이다. 네가 아난다의 아내가 되려면 먼저 머리를 깎고 출가해야 한다.

그렇게 하겠느냐?"

"예, 출가하겠습니다."

그녀가 부처님의 지시에 따라 머리를 깎고 법복을 입었을 때 부처님께서는 법을 설하셨다.

"애욕이란 모든 죄의 근본이요 괴로움의 씨앗이니, 단맛보다 쓴맛이 몇만 갑절이 되느니라. 애욕으로 인하여 나쁜 세계를 벗어나지 못하는 것은, 마치 여름밤의 부나비와 벌레들이 타는 등불에 몸을 던져 죽는 것과 같으니라. 어리석은 범부들은 애욕의 불꽃 속으로 몸을 던지지만, 지혜로운 이는 애욕을 멀리하여 불 속에서 벗어나느니라."

부처님께서는 그녀를 위하여 많은 법문을 설하셨고, 법문은 그녀의 마음을 끝없이 맑혔다. 마침내 아난다 존자에게 그릇된 생각을 품고 있었음을 깨닫게 된 그녀는 진심으로 참회하였다. 그리고 모든 욕심의 장애를 벗어나 참다운 도를 누리며 살았다.

마음의 먼지를 쓸어라

주리반특(小路)은 머리가 퍽 좋지가 않았다. 출가하여 3년 동안 불교교단에서 가르침을 받았지만 시 한 수조차 외우지 못하였다. 이에 누구보다도 답답했던 사람은 함께 배웠던 형 마하반특(大路)이었다. 그는 동생의 어리석음을 꾸짖다가 지쳐서 말하였다.

"불도를 닦은 지 3년이 지났는데도 한 치의 진전이 없구나, 그만 집으로 돌아가거라."

집으로 돌아가라는 형의 말에 충격을 받은 주리반특이 기원정사의 문밖에 서서 하염없이 눈물만 흘리고 있을 때, 부처님께서 다가와 물었다.

"어찌하여 이 문밖에서 슬피 울고 있느냐?"

그 까닭을 말하자 부처님께서는 위로부터 하셨다.

"주리반특아, 네 어리석음을 두려워하거나 슬퍼하지 말아라. 네 머리가 좋지 않아 어려운 것은 기억할 수 없을 터이니, 쉽고 간단한 것을 일러주마."

그리고는 다음과 같이 일러주셨다.

"행동과 말과 생각으로 악을 짓지 말고,
생명 있는 중생을 상해하지 말며,
바른 생각으로 일체의 덧없음을 보라.
모든 괴로움이 저절로 사라진다."

그러나 주리반특은 이 간단한 게송조차도 외울 수가 없었다. 그래서 부처님을 찾아가 아뢰었다.

"부처님이시여, 저는 분명 바보 천치임에 틀림없습니다. 도저히 부처님의 제자가 되기 어려울 것 같습니다."

"바보이면서 바보인 줄을 모르는 사람이 진짜 바보다. 너는 바보인 줄을 알고 있으니 진짜 바보가 아니다."

그리고는 빗자루 하나를 주시며 당부하셨다.

"이 빗자루를 가지고 청소를 하면서 '먼지를 털리라, 때를 없애리라'를 되풀이하고 또 되풀이해서 외워라."

우둔하기는 해도 남달리 정직하고 성실했던 주리반특은 빗자루로 사원의 구석구석을 청소하며 되풀이하였다.

"먼지를 털리라, 때를 없애리라."

며칠이 지나자 그 말이 입에서 술술 나오게 되었고, 마침내 이 말의 뜻에 대해 생각하게 되었다.

'부처님께서 말씀하신 먼지는 마음의 먼지요, 때는 마음의 때가 아닐까? 내 마음의 먼지를 털고 내 마음의 때를 없애는 일, 이것이 불도의 수행이 아닐까? 그리고 지혜는 마음의 빗자루이리라. 내 이제 지혜의 빗자루로 마음의 미혹을 쓸어 낼 것이다.'

주리반특은 부처님께 나아가 기쁜 마음으로 아

뢰었다.

"이제부터 지혜의 빗자루로 마음의 먼지를 쓸겠나이다."

"착하구나, 내 제자야. 네 말과 같다. 지혜는 능히 사람과 세상의 미혹을 없앤다. 내 제자가 닦는 것은 오로지 이 길이니라."

그리고 며칠 뒤, 마침내 주리반특은 마음의 때와 먼지를 말끔하게 없애 아라한이 되었다. 그리고 뒷날, 부처님의 부촉을 받아 말세 중생들에게 복을 주는 16나한 중의 한 분이 되었다.

Ⅲ
시련을 넘어선 끝없는 포용

비난에 동요하지 말고 정진하라

부처님께서는 중생교화를 시작한 지 얼마 지나지 않아 1천 2백 명이 넘는 제자를 아라한으로 만들고 굳건한 불교 교단을 형성하게 되었다.

그때 왕사성王舍城에 있던 산자야는 제자들 모두가 불교에 귀의하자 분함을 참지 못하여 피를 토하고 죽었다.

또한 상류 가정의 자제들이 잇달아 출가하였으므로, 걱정을 한 왕사성의 사람들은 부처님을 '자식 빼앗아 가는 존재'로 소문을 내었고, 부처님의 제자를 만나면 다음과 같은 노래를 불렀다.

왕사성에 한 사문이 나타나
산자야의 제자를 모조리 빼앗아 갔네
이다음에는 또 누구를 유혹할까

제자들로부터 이 일을 전해 들은 부처님께서는 말씀하셨다.

"그와 같은 비난의 소리는 7일도 못 가서 사라지고 말 것이니, 동요하지 말고 정진하여라. 또 노래를 들으면 다음과 같은 노래로 답하는 것이 좋으리라."

위대한 여래는 바른 법으로 이끄신다
바른 법을 따르는 지혜로운 이들은
시기하는 마음이 털끝만큼도 없노라

제자들은 부처님의 가르침대로 따랐고, 과연 7일이 되자 거리에서는 비난의 소리가 자취도 없이 사라졌다.

비난과 관련된 또 한 편의 이야기이다.

뛰어나게 아름다운 마간디야는 브라흐만의 집안에서 태어났다. 미간디야의 아버지는 딸의 미모에 걸맞게 세상에서 가장 빼어난 사내를 구하여 사위로 삼고자 하였는데, 어느 날 탁발을 하고 있는 부처님의 빛나고 빼어난 모습을 보고는 무릎을 쳤다.

'이분이야말로 우리 딸의 배필감이다.'

급히 집으로 돌아간 그는 아내와 딸을 데리고 부처님을 찾아가 사위가 되어줄 것을 청하였다.

"브라흐만이여, 나는 하늘 아씨에게도 관심이 없소. 하물며 피·고름을 담아놓은 주머니와 함께 살라는 것이오? 애욕은 모든 괴로움의 근본입니다. 세속적인 애욕을 버리고 수행을 하는 것만이 길이 행복해지는 길입니다."

부처님께서 미소를 지으며 갖가지 법을 설하시자 부부는 감격하여 눈물을 흘리며 무례를 범한 것을 참회하였지만, 교만한 마간디야는 아름다운 자기의 몸을 '피·고름을 담은 주머니'라고 한 데 대해 앙심을 품고, '언젠가는 보복하리라' 결심하였다.

마침내 그녀는 코오삼비국 우다나왕의 눈에 들어 후궁으로 발탁되었고, 아름다운 교태를 팔아 제일 왕후가 되었다.

그리고 부처님께서 코오삼비국으로 오셨을 때, 마간디야 왕후는 거리의 악한들에게 금전을 주면서 부처님과 관련된 여러 가지 헛소문을 퍼뜨리도록 하였다.

비구들은 탁발을 하러 성안으로 들어갈 때마다 부처님을 비난하는 소리를 들어야 했고, 그 험담은 듣기가 매우 민망할 정도였다. 참다못한 아난다 존자는 부처님께 청하였다.

"부처님이시여, 저희는 이 마을에 머물기가 힘이

듭니다. 다른 마을로 옮겨가는 것이 좋을 듯합니다."

"아난다야, 다른 마을로 옮겨 갔을 때 그 마을에서도 비난이 일어난다면 어떻게 할 것이냐?"

"또 다른 마을로 옮겨 가지요."

"그렇게 하게 되면 어디로 옮겨 간다한들 끝이 없는 법이다. 나는 비난을 하는 곳에서 진득이 그 비난을 받다가, 그 비난이 그친 뒤에 다른 곳으로 옮겨가는 것이 좋다고 생각한다.

아난다야, 여래는 이로움과 해로움, 비난과 칭찬, 성함과 쇠함, 즐거움과 괴로움, 이 여덟 가지 바람에 움직이지 않느니라. 이 비난도 7일을 지나면 저절로 없어질 것이니, 흔들리지 마라."

마침내 비난을 일삼던 악한들이 제풀에 지쳐 떨어지자 비난의 소리는 더 이상 들리지 않았고, 부처님을 믿는 사람은 더욱 많아지게 되었다.

받지 않으면 누구의 것이 되는가?

　부처님께서 죽림정사에 계실 때의 일이다. 어느 날 한 브라흐만이 몹시 화가 나서 찾아왔다. 자기의 친척이 부처님의 강압에 못 이겨 출가하여 승려가 된 것으로 오해를 하였던 그는 온갖 추악하고 나쁜 말을 부처님께 퍼부었다.

　욕설에다 비난과 저주까지, 분노에 찬 브라흐만은 정신없이 퍼부었고, 부처님께서는 조금도 흔들림 없는 표정으로 묵묵히 앉아만 계셨다. 한참 동안 씩씩거리며 욕을 하던 브라흐만은 제풀에 지쳐 잠잠해졌다. 그제야 부처님께서는 말문을 열었다.

　"브라흐만이여, 그대의 집에도 간혹 찾아오는 손님이 있습니까?"

　"물론이오."

　잔뜩 골이 난 그가 퉁명스럽게 대답했다.

"손님에게 맛있고 좋은 음식을 대접할 때가 있습니까?"

"그렇소."

"만일 그대가 차려준 음식을 손님이 먹지 않는다면, 그 음식은 누구의 것이 됩니까?"

"손님이 먹지 않고 가면 그 음식들 모두는 당연히 내 것이 되지요."

"브라흐만이여, 그대는 오늘 여러 가지 나쁜 말과 욕으로 나를 대접하였소. 하지만 나는 그것을 받지 않았소. 그렇다면 그 욕과 비난과 저주는 누구의 것이 되겠습니까?"

이 말씀을 듣고 문득 깨달은 브라흐만은 부처님께 정중히 절하며 사과하였고, 얼마 뒤 가족들 모두를 데려와 부처님의 제자가 되었다.

교화할 수 없으면 무심하게

부처님께서는 말을 길들이는 조마사調馬師의 우두머리가 찾아오자 질문을 했다.

"말을 길들이는 데는 몇 가지 방법이 있느냐?"

"세 가지 방법이 있습니다. 유연柔軟·강경强硬, 그리고 유연과 강경을 함께 쓰는 유연강경책柔軟强硬策입니다."

"세 가지 방법으로도 말을 길들일 수 없을 때는 어떻게 하느냐?"

"죽입니다."

명료하게 대답한 조마사는 부처님께 여쭈었다.

"부처님께서는 중생들을 교화할 때 어떤 방법을 취하십니까?"

"유연·강경·유연강경이니라."

"그래도 안 되면 어떻게 하십니까?"

"죽이노라."

"부처님께서는 살생을 금하지 않으십니까?"

"물론 그러하다. 내가 죽인다고 한 것은 살생이 아니다. 여래는 '유연·강경·유연강경'으로 교화할 수 없는 사람과는 함께 이야기하지도 않고 가르치지도 않고 징계하지도 않는다. 이렇게 이야기하지도 않고 가르치지도 않고 징계하지도 않는 것을 나는 '죽인다'고 하노라."

§

이 대화에서처럼 부처님께서도 죽음을 내립니다. 목숨을 빼앗는 죽음이 아니라 무심無心을 씁니다.

무심! 무심은 마음을 비우는 것입니다. 분쟁이 생겨나고 장애가 찾아들 때 '나'의 부질없는 욕심·이기심·증오심·자존심을 버리고 무심해지면 부처님의 자비광명이 반드시 우리와 함께합니다. 그리고 그 빈 마음에다 화합의 씨를 심고 행복의 씨를 심으면, 마침내는 해탈의 결실을 맺게 됩니다.

모두가 평등하다

　부처님께서 기원정사에 계실 때, 사위성에는 남의 집 변소의 인분을 퍼주며 살아가는 전다라(인도의 4성 계급 중 최하위인 수드라보다 더 천한 신분) 소년 니제尼提(니티 또는 수니타라고도 함)가 살고 있었다.

　부유한 집의 변소를 치며 간신히 생계를 유지하는 그의 몰골은 말이 아니었다. 길게 산발한 머리에, 해지고 똥물로 얼룩진 옷을 입고 있었다.

　어느 날 인분이 가득 찬 똥통을 등에 지고 버리러 가던 니제는 걸식乞食을 하고 있는 부처님을 보게 되었다.

　"부처님은 청정하신 분이요, 나는 전생의 업이 깊어 이렇게 똥을 만지며 살아가는 존재이다. 내가 이 똥통을 지고 부처님 곁을 지나간다면 나의 업은 더욱 무거워지리라."

니제는 황급히 옆 골목으로 들어갔고, 그의 마음을 꿰뚫어 보신 부처님께서는 앞질러 가서 다시 니제 앞에 모습을 나타내었다. 니제는 조심스럽게 피한다는 것이 너무 긴장하고 당황한 나머지 똥통을 벽에 부딪쳐 깨뜨리고 말았다.

니제는 온몸에 인분을 뒤집어쓰게 되었고, 길바닥에는 분뇨가 흘러 악취가 진동하였다. 니제는 황송하여 어쩔 줄 몰라 하다가 무릎을 꿇으며 머리를 조아렸고, 부처님께서는 니제의 곁으로 다가가 말씀하셨다.

"어찌하여 나를 피하는 것이냐? 비록 똥을 치우고 옷이 더럽다 할지라도, 네 마음은 더할 나위 없이 착하다. 그리하여 너에게서는 그지없는 향내가 풍겨 나오고 있다. 신분이 전다라라 할지라도, 스스로를 천하게 여겨서는 안 된다."

부처님의 이와 같은 말씀에 안도의 숨을 내쉰 니제는 맑은 눈으로 부처님을 우러러보았고, 부처님께서는 자비로운 음성으로 이르셨다.

"니제야, 지금 출가하여 나의 제자가 되지 않겠느냐?"

이 말에 깜짝 놀란 니제는 한참 만에 입을 열었다.

"부처님이시여, 저같이 비천한 몸으로 어떻게 출가를 할 수 있겠습니까?"

"그렇지 않다, 니제야. 나의 법은 깨끗한 물이 능히 모든 오물을 씻어 내듯이, 빈부·남녀·신분의 차별을 두지 않고 도를 닦을 수 있는 자 모두를 받아들인단다.

나는 신분의 존귀함 때문에 국왕이나 부자를 선택하지 않는다. 나의 법에는 편당偏黨이 없다. 평등하다. 정도正道를 가르쳐, 모든 중생을 위해 안온한 정로正路를 만들 뿐이다."

이어 부처님께서는 게송으로 이르셨다.

진리의 법을 배워 해탈을 얻으려면

하루속히 출가하라 지금 당장에
진리의 감로수는 슬기로운 이의 것
어찌 빈부귀천과 관계가 있으랴

마침내 출가를 결심한 니제는 감격의 눈물을 흘렸다.

"만약 저같이 천한 자가 부처님의 은혜로 출가를 할 수 있다면, 지옥의 사람을 하늘나라로 옮겨 놓는 것이나 다를 바가 없을 것입니다."

이에 부처님께서는 그를 이끌고 성 밖 큰 강가로 가서, 손수 니제의 더러운 몸을 씻어주고 기원정사로 데리고 와서 제자로 삼았다.

그리고 그날부터 용맹정진을 한 니제는 날로 새로워져 열흘 만에 수다원과를 얻었으며, 몇 달 후에는 아라한과를 이루어 육신통六神通까지 갖추게 되었다.

이전 종교의 수행자를 똑같이 공경하라

부처님 당시에 있었던 육사외도六師外道(다른 주장을 지닌 여섯 종류의 종교) 중 현재까지 존립하고 있는 종교는 '자이나교'뿐이다.

그 무렵, 불교와 자이나교의 포교영역과 신도층은 서로 겹치지 않을 수 없었으며, 한쪽 종교에서 다른 쪽 종교로 옮겨간 사례도 몇 가지 알려져 있다. 그중 가장 유명한 예가 바이샬리의 명사로 알려진 '시하 장군'의 이야기이다.

시하 장군은 원래 자이나교의 독실한 신도로, '불교는 나쁜 종교'라고 단정하고 있었다. 어느 날 그는 부처님을 뵈옵고 인품에 감화되어 스스로 맹세를 하였다.

"부처님이시여, 지금부터 자이나교를 버리고 불교에 귀의하겠나이다."

그러나 부처님께서는 타일렀다.

"그대와 같이 사회적으로 높은 지위를 가진 사람이 함부로 신앙을 바꾸는 것은 좋지 않습니다. 다시 잘 생각을 해보시오."

이 말을 들은 시하 장군은 부처님의 너그러운 인격에 더욱 감동하여 삼보에 귀의하겠다며 굳게 다짐하였고, 부처님께서는 힘주어 당부를 하였다.

"지금부터 갑자기 자이나교 승려를 물리치는 것은 옳지 못하오. 불교의 승려뿐 아니라 자이나교 승려에게도 똑같이 공양하는 것이 옳은 일이오."

이전 종교와 관련된 또 한 편의 이야기이다.

부처님께서 나란다 바바리나 숲에 머물고 계실 때 자이나교의 승려가 찾아오자 그에게 물었다.

"그대의 스승은 어떤 방법으로 악업惡業을 짓지 않도록 가르치는가?"

"몸과 입과 생각으로 잘못을 저지르면 고행苦行의 벌을 내려 악업을 짓지 못하도록 합니다. 부처님께서는 어떻게 가르치십니까?"

"나는 몸과 입과 생각으로 잘못을 범할지라도 고행을 하라고 말하지 않는다. 다만 마음으로 악업을 참회하고 선업을 실천하라고 가르친다."

그는 부처님과의 대화를 통하여 깨우침을 얻고, 스승인 마하비라에게 돌아가 이 사실을 고하였다. 마침 그 자리에는 자이나교의 재가 제자인 우팔리

거사가 있었는데, 부처님께 설복을 당했다는 사실에 격분하여 말하였다.

"제가 부처님과 대론을 벌여 항복을 받아오겠습니다."

하지만 그 역시 부처님과의 대론에서 설복을 당하고 말았으며, 그는 맹세하였다.

"부처님, 저는 오늘부터 목숨이 다하는 날까지 삼보에 귀의하는 재가 신도가 되겠습니다."

"거사여, 그렇게 하라. 그러나 잠자코 실천할 뿐, 삼보에 귀의한 것을 군이 공표할 필요는 없다. 훌륭한 사람은 오직 선을 행할 뿐이다."

"저는 앞으로 자이나교의 승려가 저희 집에 오는 것을 허락하지 않고 부처님 제자만 올 수 있게 하겠나이다."

"거사여, 그렇게 하면 안 된다. 저 자이나교 승려들은 오랫동안 너의 존경을 받았다. 저들이 오거든 옛날과 같이 존경하고 공경하여라.

모든 사람들에게 보시하면 큰 기쁨을 얻고, 바르
게 정진하는 사람에게 보시하면 큰 복을 얻는다.
다만 그렇지 못한 사람에게 보시하면 제대로 복을
얻지 못할 뿐이다."

IV
이런저런 이야기

향 싼 종이에 향기 나고

어느 날, 부처님께서는 길가에 종이가 떨어져 있는 것을 보고, 한 제자에게 '주우라'고 하셨다.

"그 종이는 무엇에 쓰던 것 같으냐?"

"향내가 나는 것을 보니 향을 쌌던 종이인가 봅니다."

다시 길을 가는데, 이번에는 새끼줄 한 도막이 떨어져 있었다. 부처님께서는 다시 제자에게 주우라고 하셨다.

"그 새끼줄은 어디에 쓰던 것 같으냐?"

"비린내가 나는 것을 보니 생선을 묶었던 듯합니다."

"어진 이를 가까이하면 뜻이 높아지고, 어리석은 자를 벗하면 재앙이 닥친다.

마치 향 싼 종이에서는 향내가 나고, 생선 묶은 새끼줄에서는 비린내가 나는 것처럼."

곧 죽는 줄 모르고

부처님께서 사위성에 계실 때 성안에는 여든 살의 백만장자 바라문이 있었는데, 완고하고 인색한데다 탐욕스럽기가 이를 데 없었다.

특히 집 짓기를 좋아하였던 그는 별당이다, 회랑이다 하며 넓은 대지에 끊임없이 집을 지어 나갔다.

어느 날 부처님께서는 그 노인이 그날을 넘기지 못하고 죽을 것을 알았다.

부처님께서 그를 제도하기 위해 백만장자의 집을 찾았을 때, 별당을 짓는 일에 매달려 있었던 노인은 품삯 주는 것이 아까워서 몸소 지휘 감독하며 정신 없이 돌아다녔다.

"장자여, 이렇게 거창하고 으리으리한 집을 지어 누구를 살게 하려 하십니까?"

노인은 자랑스럽게 대답하였다.

"앞 사랑채에서는 손님을, 뒤 별당에서는 내가, 남쪽 별채에는 자식들이 거처하고, 서쪽 행랑채에는 종들을 묵게 하지요. 여름이면 연못가 시원한 정자와 누각에 오르고, 올겨울에는 따뜻하고 햇볕이 잘 드는 이 별당에 들어가 지낼 생각이라오."

"그렇습니까? 나는 생사에 관계되는 일로 찾아왔소이다. 잠시 일손을 멈추고 이야기를 나눕시다."

"지금은 몹시 바빠서 한가하게 이야기를 나눌 틈이 없소이다. 다음에 듣도록 하지요."

부처님이 그 집을 나온 다음 노인은 떨어지는 서까래에 머리를 다쳐 그 자리에서 죽고 말았다. 부처님은 마을 입구에서 여러 명의 바라문을 만났다.

"부처님, 어디를 다녀오시는 길입니까?"

"죽게 된 노인의 집에 들러 그를 위해 설법을 하려고 했으나, 그는 일이 바쁘다며 다음으로 미루었지. 세상일의 덧없음을 알지 못한 채…. 방금 그는 저승길로 떠났다오."

나가겠느냐? 들어오겠느냐?

부처님 당시에 부처님을 시기하는 외도外道가 있었다.

그는 매일 어떻게 하면 부처님을 꼼짝 못 하게 골탕 먹일 수 있을까만을 궁리하다가, 하루는 새 한 마리를 잡아 손에 쥐고 부처님 계신 곳으로 갔다.

마침 많은 제자와 신도들이 모여 있었는데, 그는 다짜고짜 부처님께 다가가서 물었다.

"부처님께서는 신통력으로 모든 것을 다 아시고 남의 마음도 훤히 들여다본다고 하시던데, 제가 이 새를 죽이겠습니까? 살리겠습니까?"

주위의 제자와 신도들은 순간 긴장을 하였다. 죽일 것이라고 하면 살릴 것이고 살릴 것이라고 하면 죽일 것은 뻔한 이치였다.

이제까지 부처님께서 사람들의 이런저런 문제를 다스리고 어루만져 주셨지만, 이런 난처한 문제에 어떻게 답하실 것인가?

그러나 부처님께서는 태연히 자리에서 일어나 문 쪽으로 가서는, 문지방 위에 한쪽 다리를 얹으신 후 부처님은 외도를 바라보며 물으셨다.

"내가 지금 문밖으로 나가겠느냐? 문 안으로 들어오겠느냐?"

모인 사람들은 안도의 숨을 내쉬며 기뻐하였고, 외도는 자신의 어리석음을 크게 뉘우치고 부처님께 귀의하였다.

해진 옷의 재활용

부처님께서 제자들과 함께 교상미국에서 안거에 드셨을 때, 왕후인 파마제婆摩帝는 매일 정사로 가서 부처님과 제자들께 공양을 올렸다.

안거가 끝나는 날, 파마제 왕후는 5백 벌의 가사를 만들어 아난다 존자에게 공양하였고, 아난다 존자는 이를 여러 비구들에게 나누어 주었다. 뒤늦게 이 소식을 들은 우전왕優塡王은 아난다 존자를 찾아가 물었다.

"출가 승려로써 너무 많은 공양을 받는 것은 지나친 욕심 때문이 아닌가? 그 많은 옷들을 어떻게 처리하였소?"

"우리는 부처님의 가르침대로 옷을 처리합니다."

우전왕이 아난다 존자에게 물었다.

"부처님께서는 옷이 해지면 어떻게 하라 가르칩

니까?"

"해진 옷은 좌상坐床의 덮개로 쓰라고 하십니다."

"좌상의 덮개가 낡으면 무엇으로 씁니까?"

"베개 주머니로 씁니다."

"베개 주머니가 낡으면 어떻게 합니까?"

"자리 깔개로 씁니다."

"자리 깔개가 낡으면 무엇으로 씁니까?"

"발수건으로 씁니다."

"낡은 발수건은 어떻게 씁니까?"

"청소하는 걸레로 씁니다."

"걸레가 낡으면 무엇에 씁니까?"

"대왕이여, 해진 걸레는 잘게 썬 다음 진흙과 반죽하여 벽을 바르는 데 씁니다. 부처님은 이렇게 가르치십니다."

"아, 훌륭하도다!"

우전왕은 감복을 하고 돌아갔다.

지금처럼만

부모에게 함부로 하는 불효막심한 청년이 부처님을 찾아와서 출가를 허락해 달라고 청하자, 부처님께서는 단호히 거절하셨다.

"돌아가서 부모 봉양을 잘하여 효자가 되면 받아주겠노라."

몇 년 동안 부모를 극진히 모시고 다시 찾아와서 받아줄 것을 청하는 그에게 부처님께서 이르셨다.

"이제는 특별히 출가할 필요가 없다. 돌아가서 지금처럼만 하면, 그대가 바로 참된 출가수행인이니라."

밭농사와 마음농사

어느 때 부처님께서는 마가다국의 농부 바라드바자의 집으로 가서 공양을 얻고자 하였다. 그때 바라드바자는 부처님과 제자들이 '하는 일 없이 놀고먹는다'고 생각하여 비방 섞인 투로 말하였다.

"사문이여, 우리는 밭을 갈고 씨를 뿌리는 일을 해서 밥을 먹고 생활을 합니다. 당신도 밭을 갈고 씨를 뿌리십시오. 그럼 먹을 것을 주겠소."

바라드바자를 향해 부처님께서 말씀하셨다.

"바라문이여, 나도 밭을 갈고 씨를 뿌립니다. 또한 그 일을 한 다음에 먹습니다."

바라드바자는 자신의 귀를 의심하는 듯한 표정을 지으며 따져 물었다.

"나는 당신이 밭을 가는 것은 고사하고, 당신의 소도 쟁기도, 뿌리는 씨앗도 보지 못하였소. 당신의

쟁기는 어디에 있으며, 소는 어디에 있습니까? 그리
고 도대체 어떤 씨앗을 뿌린다는 것이오?"

부처님께서는 게송으로 조용히 답하셨다.

마음은 나의 밭이요 믿음은 내가 뿌리는 씨
지혜는 밭을 가는 나의 쟁기
날마다 악업을 제어함은 내가 밭에서 김매는 것
내가 모는 소는 정진이니 가서는 돌아섬이 없고
갈등 없이 행하여 나를 평안한 경지로 나르도다
나는 이렇게 밭 갈고 씨 뿌려
감로의 결실을 거두노라

바라드바자는 경탄을 하고 진심으로 부처님께
귀의하였고, 우유죽을 바루에 가득 채워주면서 말
하였다.

"부처님이야말로 참으로 밭을 잘 가는 분이요, 열
반의 열매를 맺게 하는 가장 훌륭한 농부이십니다."

타오르는 불의 법문

이제 이 모든 이야기들을 매우 유명한 부처님의 법문 한 편으로 마무리를 짓고자 합니다. 이 법문은 부처님께서 성불한 직후의 몇 년 동안에 귀의한 1천 2백 명의 제자를 거느리고, 마가다국의 수도인 왕사성王舍城으로 향하다가 가야산伽耶山에 이르러서 설하신 '타오르는 불의 법문'입니다.

"비구들이여, 모든 것이 불타고 있다. 눈이 불타고 있다. 눈에 비치는 형상들이 불타고 있다. 형상을 받아들이는 마음도 불타고 있다.

어떤 불에 의해 타고 있는가? 탐욕〔貪〕의 불, 분노〔瞋〕의 불, 어리석음〔癡〕의 불에 의해 타고 있다.

비구들이여, 이와 같은 불길들은 왜 일어나는가? '나' 스스로가 일으킨 망상이 부싯돌이 되고 불씨

가 되어, 어리석음의 검은 연기를 피워 올리고 탐욕
과 분노의 불길을 일으키기 때문이다.

이 불길은 점점 세차게 타올라 '나'와 중생을 집
어삼키고, '나'와 중생을 태우나니, 중생들은 이 탐
욕과 분노와 어리석음이라는 세 가지 독〔三毒〕의 거
센 불길로 인해 나고 늙고 병들고 죽는 세계를 윤
회하게 되며, 근심과 슬픔과 고통과 번민 속에서
헤어나지 못하게 되느니라.

비구들이여, 탐욕과 분노와 어리석음의 세 가지
불길이 거세게 타오르는 것은 오직 '나'에 대한 애
착 때문이니, 세 가지 불을 멸滅하고자 한다면 무
엇보다 먼저 '나'에 대한 집착을 끊어버려야 한다.

나에 대한 집착을 끊을 수 있게 되면 세 가지 불
길은 스스로 꺼지고, 윤회의 수레바퀴는 저절로 멈
추며, 모든 괴로움은 자취 없이 사라지게 되느니라.

이제까지 너희는 이 세 가지 불을 섬겼으나 지금
은 이것들을 버렸다. 하지만 삼독의 불길은 아직도

너희들 안에서 타고 있다. 이 불을 빨리 멸하지 않으면 안 된다. 주의 깊게 닦아야 한다. 주의 깊게 닦아야 한다."

ξ

우리는 한평생을 탐욕과 분노와 어리석음이라는 삼독의 불로 태우고 있습니다. 이제 이것을 다른 불로 바꾸어야 합니다. 삼독의 불이 아니라 일심의 불을 일으켜 내 속에 있는 참된 보배를 발현시켜야 합니다.

누구나 가지고 있는 내 속의 진정한 보배!

우리들 각자에게는 이익과 명예와 욕심을 떠나서, 마음 가장 깊이 의미를 부여하고 싶어 하는 그 무엇이 있습니다. 진정으로 보배롭게 생각할 수 있고 자신을 불태울 수 있는 그 무엇이 있습니다. 그것이 우리의 보배입니다.

보배를 찾는 불은 우리를 행복하게 만들어 줍니다. 그 불이라면 나를 능히 살릴 수 있습니다.

'나' 속의 보배! 그것을 찾아 갈고 닦으면서 사는

이는 이미 중생이 아닙니다. 더 이상 흐름을 따라 표류하는 방랑자가 아닙니다. 정녕 '나' 속의 보배를 찾고자 노력하는 사람이야말로, 참되고 지혜롭게 살아가는 대자유인입니다.

완전히 태웁시다. 완전히 탑시다. 연기만 많이 나는 모닥불이나 타다 말아 그을음 진 장작을 남겨서는 안 됩니다. 연기 없이 스스로를 철두철미하게 연소시켜 뽀얀 재만을 남겨야 합니다.

잿빛 재는 장작으로 돌아오지 않습니다. 재는 재일 뿐입니다. 재는 완전히 재가 되어야 합니다.

우리 속에 있는 참된 보배. 그 보배를 찾아서 올바로 발현시키기를 원한다면, 철저히 집중하여 스스로를 불태워야 합니다. '나'에 대한 애착마저 능히 태울 수 있는 삼매三昧의 불을!

이것이 부처님께서 설하신 '타오르는 불의 법문' 뒤에 숨겨진 뜻입니다.

편저자 김현준 金鉉埈

동국대학교 대학원에서 불교학을 전공하고 한국학중앙연구원에서 한국불교를 연구하였으며, 우리문화연구원 원장과 효림출판사 대표 등을 역임하였다.

현재 불교신행연구원 원장, 월간「법공양」발행인 및 편집인, 효림과 새벽숲출판사의 주필로 활동하고 있다.

저서로는『사찰, 그 속에 깃든 의미』『예불문, 그 속에 깃든 의미』『생활 속의 천수경』『생활 속의 반야심경』『생활 속의 보왕삼매론』『화엄경 약찬게 풀이』『광명진언 기도법』『신묘장구대다라니 기도법』『미타신앙 미타기도법』『관음신앙 관음기도법』『지장신앙 지장기도법』『참회·참회기도법』『불교의 자녀사랑 기도법』과 불교교리총서인『사성제와 팔정도』『삼법인·중도』『인연법』『육바라밀』등 30여 종을 비롯하여, 불자들의 신행을 돕는 사경집 20여 종이 있으며,『법화경』『원각경』『승만경』『지장경』『보현행원품』『약사경』『자비도량참법』『육조단경』『선가귀감』등의 한글 번역서 10여 종이 있다.

신행과 포교를 위한 불서 (4×6판, 각 100쪽)

❀

바느질하는 부처님　　　　　　김현준 편저 3,500원
부처님 일대기 중에서 향기로운 이야기 29편을 가려 뽑아 엮은 책. 인생을 지혜롭게 이끌어 주는 부처님의 가르침이 가득하다.

광명진언 기도법　　　　일타스님·김현준 저 3,500원
광명진언기도의 영가천도 및 생활 속에서의 효과, 이 진언의 깊은 가르침, 기도 방법과 마음가짐, 기도영험담 등을 수록하였다.

행복과 성공을 위한 도담　　　　경봉스님 저 3,500원
인생을 어떻게 살 것인가? 행복은 누구에게 깃들며, 어떻게 할 때 성공하는가? 복 짓는 법 등을 명쾌하고 자상하게 설하고 있다.

보왕삼매론 풀이　　　　　　　김현준 저 3,500원
장애의 극복 방법을 일러주어, 지혜롭고 복된 삶을 살 수 있도록 이끌어주는 보왕삼매론을 매우 감동적으로 풀어 쓴 책이다.

불교예절입문　　　　　　　　일타스님 저 3,500원
불교의 예절 속에 깃든 상징성과 함께 합장법, 절하는 법, 사찰에서의 기본예절, 법문 듣는 법 등을 새롭게 정리하였다.

불자의 삶과 공부　　　　　　우룡스님 저 3,500원
현재의 삶에서 주인노릇은 잘하고 있는가? 어떠한 이가 참된 불자인가? 등을 되묻고, 어떠한 공부를 하면 좋은지를 일깨워준다.

행복을 여는 감로법문　　　　일타스님 저 3,500원
이 책을 읽어 보라. 업을 멸하고 지혜의 눈과 행복의 문을 열려면 어떻게 수행해야 하는지를 분명히 알 수 있게 된다.

불성발현의 길　　　　　　　우룡스님 저 3,500원
내 속에 있는 불성이 깨달음의 원동력이요 자정능력을 발휘한다는 것과 무명을 타파하는 법 등을 정성을 다해 설하고 있다.